CW00496253

DE

L'AGRICULTURE

EN FRANCE

PAR

M. RAUDOT

Ancien représentant, ancien vice-président du Congrès central d'agriculture

Extrait du CORRESPONDANT.

PARIS

CHARLES DOUNIOL, LIBRAIRE-ÉDITEUR

29, RUE DE TOURNON.

—

1857

PARIS. — IMP. SIMON RAÇON ET COMP., RUE D'ERFURTH, 1.

DE

L'AGRICULTURE EN FRANCE

Jamais on n'a parlé davantage des progrès de l'agriculture française; la dernière et magnifique Exposition universelle a causé un
redoublement d'admiration pour les races surprenantes d'animaux
perfectionnés, pour les machines agricoles, les nouvelles méthodes
agricoles, les grands travaux agricoles qui doivent sous peu doubler
la production; jamais on n'a fait plus de compliments, donné plus de
médailles, de prix, de croix, porté plus de toasts à l'agriculture, et
jamais l'insuffisance des récoltes et des produits n'a été plus manifeste
et plus prolongée; c'est à n'y rien comprendre, au moins pour le bon
public assez disposé à prendre le bruit pour la chose.

Nous avons des merveilles de toute espèce, des industries de luxe à
se pâmer d'admiration, des théâtres plus beaux que des cathédrales,
des kilomètres de tableaux et de statues dans des galeries aux voûtes
immenses, couvertes de fresques et d'or, des fêtes publiques qui
éclipsent les fêtes données jadis par ses maîtres au peuple-roi, des
villes de palais et des palais comme Babylone et Rome n'en eurent
jamais, nous avons de la gloire à donner de l'envie à toutes les nations
du monde; il ne nous manque que peu de chose, de quoi manger
suffisamment. Si c'était le grain de sable dont parle Pascal et qui
arrête les plus vastes projets? si nous allions ressembler à l'astrologue
qui, ne pensant qu'à porter ses regards dans les cieux, ne s'aperçoit
pas qu'il va tomber dans un puits?

Cette question importune de l'alimentation publique commence à
préoccuper sérieusement les hommes de bon sens et même un peu
tout le monde, elle inquiète beaucoup les vrais patriotes et même un
peu les gens de bourse et les financiers cosmopolites; aussi Dieu sait
combien on écrit à ce sujet de brochures sentimentales, de feuilletons
humanitaires; c'est merveille de quelle quantité de conseils, de dé-
couvertes, d'espérances on réconforte l'humanité souffrante.

1

Serait-il permis à un homme qui, malgré ces belles choses, n'est pas très-rassuré, qui n'a pas l'honneur, je l'avoue, d'être un agronome de Paris ni un fonctionnaire public, encore moins un inventeur de spécifiques agricoles, mais qui a quelque peu vu de ses yeux, pratiqué et réfléchi, d'examiner cette grande et capitale question de l'agriculture française avec une indépendance complète des hommes et des préjugés? Un paysan du Danube par le temps qui court, ce sera peut-être original.

PREMIÈRE PARTIE.

I

Prétendre que la France n'a fait nul progrès en agriculture, ce serait soutenir un paradoxe et commettre une erreur. Depuis la fin des grandes guerres de l'Empire notamment, la terre, recevant plus de travail de bras plus nombreux, améliorée sur plus d'un point par la marne, la chaux, des engrais plus abondants; la terre, dont une partie des landes a été défrichée, a donné de quoi nourrir les six millions d'hommes dont la population de la France s'est accrue depuis 1815.

Je sais, d'un autre côté, que des maladies sur certaines plantes, l'intempérie persistante des saisons, sont une des principales causes de la pénurie actuelle; tandis qu'à une époque rapprochée, de 1848 à 1851, nous avions eu des récoltes si abondantes; qu'elles nous avaient permis de vendre à l'étranger une quantité considérable de grains.

Mais il n'en est pas moins vrai que les progrès de l'agriculture sont très-lents et très-insuffisants, comme le prouvent des faits et des documents certains.

Parmi les nombreux volumes que publie chaque année le gouvernement pour l'instruction et l'édification de ses administrés et qui servent trop souvent à garnir les étalages des bouquinistes sur les quais de Paris, sans que les feuillets en aient été coupés, il en est qui, je le reconnais, sont fort lourds et fort ennuyeux, mais très-instructifs; ils renferment les immenses tableaux des douanes. J'y ai trouvé, et tout le monde pourra en faire autant que moi, les preuves de ce que j'avance.

D'abord, quant aux céréales, qu'y voyons-nous? que, le plus souvent, la France ne récolte pas assez de blé pour sa consommation. J'ai fait moi-même le relevé des importations et exportations; mais, de crainte qu'on ne m'accuse d'erreur, j'aime mieux prendre les chiffres d'un document officiel. La préfecture de la Seine vient de publier un assez gros livre intitulé : *Compte moral et financier de la caisse de service de la boulangerie.* (On met maintenant de la morale pàrtout; c'est édifiant.) Parmi les pièces justificatives au tableau A, j'ai vu ceci : de 1816 à 1855 inclusivement, pendant quarante ans, on a importé en France cinquante-sept millions d'hectolitres de blé (57,275,918), et exporté vingt-cinq millions (25,203,399); excédant des importations, trente-deux millions (32,072,519); les sommes sorties de France, par l'effet des importations, s'élèvent à deux cent seize millions (216,613,232), et les sommes rentrées en France par l'effet des exportations s'élèvent à deux cent soixante-seize millions (276,789,137), excédant neuf cent quarante millions (959,824,095).

Dans ce relevé, ne se trouvent pas les autres grains dont les importations sont considérables. Ainsi, en 1855, on a importé en France en seigle, maïs, orge et avoine, déduction faite des exportations, quatre cent vingt-sept mille hectolitres, valant six millions trois cent quatre-vingt-cinq mille francs.

Combien de fois j'ai entendu, dans des années de cherté, des ouvriers de la ville et de la campagne me dire très-sérieusement et de la meilleure foi du monde : « La France est le pays le plus fertile de la terre ; elle récolte ordinairement, dans une année, de quoi se nourrir pendant deux ou trois ans. On nous dit que la France est obligée d'acheter du blé aux Russes; allons donc! s'il entre du blé en France, c'est qu'on l'en avait d'abord fait sortir pour affamer le peuple et avoir un prétexte de le vendre à sa rentrée un prix fou. Canailles d'accapareurs; on devrait les pendre tous ! » Les pauvres gens, ils n'ont pas lu les gros livres de la douane ni le *Compte moral.* Ne serait-il pas bon qu'ils pussent en avoir un peu connaissance? Ce patriotisme peu éclairé, cette ignorance singulière, pourraient à un moment donné causer bien des malheurs.

Et qu'on ne croie pas que cette quantité de grains achetée de l'étranger ait satisfait à tous les besoins et remplacé complétement le déficit des mauvaises récoltes en France. Dans les années de disette, il se fait toujours une grande économie parmi le peuple. Il faut se serrer le ventre, disent les pauvres gens avec un accent qui fait mal. Non-seulement on mange moins, mais on a recours à des grains inférieurs pour remplacer le blé ou le seigle ; on mange de l'orge, de l'avoine, du sarrazin, même de l'espèce grossière de Tartarie. J'ai vu, l'année dernière, du pain fait entièrement de sarrazin et que mangeaient de très-petits propriétaires du Morvan qui n'avaient plus de seigle; quant au froment, ils n'en mangent jamais : ce pain était couleur de suie et le goût répondait à la couleur. Le marquis d'Argenson, parlant dans ses Mémoires de la misère des provinces, raconte que le duc d'Orléans dit un jour à Louis XV, dans son conseil, en lui présentant un pain de fougère : « Voilà, Sire, de quoi se nourrissent vos sujets. » Ne pourrait-on pas redire aujourd'hui ces mots et peut-être avec plus de raison, car il ne m'est pas prouvé qu'on ait jamais pu manger du pain de fougère, et de pauvres gens, sous nos yeux, au dix-neuvième siècle, mangent tous les jours du pain de sarrazin et à peu près rien autre chose. Quoi qu'il en soit, il est bien évident que si, depuis quarante ans, on avait mangé dans les années de disette si nombreuses autant de blé que dans les bonnes années, les importations de froment auraient été plus que doublées.

Un autre fait aussi grave que l'insuffisance des récoltes de grains, plus grave peut-être, c'est l'insuffisance permanente des bestiaux. A dater de 1853, le gouvernement français a réduit le droit d'entrée sur les bestiaux étrangers à un chiffre insignifiant. La valeur des bestiaux (sans parler des chevaux) importés en France pour la consommation qui était en moyenne, dans les cinq années précédentes, de cinq millions trois cent mille francs, s'élève, en 1853, à seize millions deux cent mille francs ; en 1854, à trente-neuf millions deux cent mille francs ; en 1855 enfin, à cinquante-sept millions neuf cent mille francs, sans compter cinq millions cent vingt-six mille francs de viande. Si, en 1856, l'importation des bestiaux a été un peu moindre, ce n'est pas que les besoins aient diminué, puisque le prix de la viande n'a fait qu'augmenter, c'est qu'à l'étranger les prix tendent à se niveler avec les nôtres et qu'on a moins à nous vendre, parce qu'on nous avait d'abord trop vendu de bestiaux au moment où les barrières s'étaient abaissées.

Et croit-on qu'avec cette importation si considérable tout le monde en France mange de la viande ? Sans doute je ne prétends pas dire qu'il n'y ait nul progrès dans la consommation de la viande, je sais que les ouvriers de nos immenses travaux publics mangent plus de viande qu'ils n'en mangeraient s'ils étaient restés dans leurs villages, mais l'insuffisance du bétail est manifeste. Si Henri IV revenait dans ce monde, il pourrait voir que son vœu n'est pas encore exaucé ; dans les trois quarts des ménages de notre belle France, il ne trouverait ni poule au pot, ni pot-au-feu, pas même le dimanche. Et, si ces ménages n'ont ni l'un ni l'autre, je vous prie de croire que ce n'est pas l'appétit qui leur manque ; qu'on en invite à de bons dîners, et l'on verra s'ils sont de la secte des légumistes.

Des philanthropes, désolés de cette insuffisance de la viande dans l'alimentation du peuple, ont proposé de lui faire manger des chevaux, et, pour prêcher d'exemple, ils ont fait des dîners de cheval qu'ils ont déclarés excellents. Certes, j'ai pleine confiance dans ces messieurs, je crois que la chair de cheval n'est pas à dédaigner, que son bouillon est parfait et ses biftecks tendres et savoureux ; je crois sur parole, mais il est plus facile, en France, de faire deux ou trois révolutions politiques qu'une révolution culinaire aussi radicale, et j'ai peur que toute cette discussion, toute cette réclame, ne servent qu'à prouver une fois de plus l'insuffisance de la viande en France.

Si nous examinons les autres productions agricoles, nous voyons par les tableaux de la douane que la France achète en moyenne chaque année à l'étranger :

Pour cinq à six millions de suif, d'os, sabots et cornes de bétail,
Pour huit à neuf millions de chevaux,
Vingt à vingt-cinq millions d'huile d'olive,
Vingt à vingt-cinq millions de lin et de chanvre,
Trente à quarante millions de peaux brutes,
Trente à quarante millions de graines oléagineuses,
Quarante à cinquante millions de laine,
Quarante à cinquante millions de bois,
Quatre-vingts à cent quarante millions de soie.

La France achète chaque année d'une manière normale, régulière, pour plus de trois cents millions de produits agricoles analogues à ceux de son sol ; les tableaux de la douane ne disent pas même tout, car la contrebande n'y figure pas.

Je sais très-bien que, si nous achetons tous ces objets, c'est que nous pouvons les payer, ce qui suppose d'autres sources d'aisance et de richesses que l'agriculture. Je n'ignore pas qu'une partie de ces objets, la soie, la laine, les peaux brutes, servent à nos industries, qui en exportent une partie plus ou moins considérable lorsqu'ils sont manufacturés ; mais, si notre agriculture était très-prospère, elle suivrait les progrès de notre industrie et satisferait à nos besoins croissants. Puisque les étrangers nous vendent une quantité de plus en plus considérable de matières premières et de denrées alimentaires analogues à celles de notre agriculture, c'est évidemment parce qu'ils accroissent leurs produits plus que nous. Tout cela est un peu humiliant pour notre amour-propre national et ne cadre guère avec plus d'un discours pompeux, mais n'est que trop vrai malheureusement. Les phrases peuvent bien déguiser, mais ne changent pas les faits.

II

Cette insuffisance des produits de l'agriculture française tient-elle à des obstacles insurmontables opposés par le sol ou le climat ? Sans avoir le patriotisme fanatique des ouvriers dont je parlais tout à l'heure, on peut bien dire que la France est certainement un des pays les plus favorisés du ciel sous tous les rapports.

Cette insuffisance tient-elle à un accroissement prodigieux de la population? Mais, de tous les grands États de l'Europe, la France est, au contraire, celui où la population augmente le moins ; elle est même, sous ce rapport, au-dessous de bien des petits États, comme le royaume de Naples, les États pontificaux, la Suède et la Norvége, la Suisse. Certaines personnes trouvent dans ce fait singulier une preuve de prospérité, de sagesse, et en font presque un titre de gloire pour les Français, ce qui m'a semblé, par parenthèse, fort original, et m'a rappelé le médecin de la comédie, qui conseillait de se couper un bras parce qu'il prenait trop de substance aux dépens de l'autre, qui, resté seul, serait bien mieux nourri et plus vigoureux.

Depuis 1816, la population ne s'est accrue en France que de vingt pour cent, tandis qu'elle s'est accrue de trente-quatre pour cent en Russie et en Autriche, de quarante-un en Angleterre et de soixante-dix pour cent en Prusse. Et cet accroissement de vingt pour cent, déjà si faible pour la France, résulte de l'ensemble des quarante dernières années ; mais, si l'on compare entre eux les divers recensements qui ont eu lieu dans cette longue période, on verra avec effroi que les deux derniers, de 1851 et 1856, accusent un accroissement de plus en plus faible. Dans les trente premières années il est en moyenne de cent quatre-vingt-trois mille âmes par an, dans les dix dernières il n'est plus que de soixante-trois mille. Le dernier recensement de 1856 donne le plus faible accroissement qu'on ait eu depuis 1816 : deux cent cinquante-six mille âmes seulement en cinq ans.

La population de la Confédération germanique qui comprend, comme chacun sait, la plus grande partie de la Prusse et un tiers environ de l'empire d'Autriche, n'avait, en 1816, que trente millions d'habitants, comme la France, à très-peu de chose près. En 1853, sa population dépasse quarante-trois millions ; la nôtre atteint à peine trente-six millions, plus de sept millions de différence. Remarquons en passant qu'il est assez étrange, n'est-il pas vrai, qu'un pays divisé, morcelé en souverainetés séparées, sans unité de loi et d'administration, fédératif enfin, puisqu'il faut l'appeler par son nom, se permette de faire des progrès plus rapides que la France. Si au moins on avait la ressource de dire que les Allemands meurent de faim comme mouraient les Irlandais ; mais ces Allemands se nourrissent, au contraire, généralement assez bien, peut-être mieux que beaucoup de Français.

Quant aux autres peuples, dira-t-on que leur population s'accroît plus rapidement parce qu'elle est plus mal nourrie, plus misérable qu'elle ne l'était il y a quarante ans? ce serait une raison bizarre. Si, en France, il y a des progrès sous le rapport de la nourriture, des logements, de l'aisance, en un mot, croit-on qu'il n'en soit pas de même chez ces peuples?

Cette comparaison de l'accroissement des diverses populations démontre à elle seule l'infériorité des progrès de l'agriculture française: car, s'ils étaient dans la même proportion que ceux des autres nations, je ne vois pas ce qui empêcherait notre population de croître aussi rapidement. M. Ampère, dans ses *Lettres sur l'Amérique*, raconte qu'étant au Canada, il témoignait un jour son étonnement sur l'accroissement si rapide de cette population toujours française sous le sceptre anglais : « Oh! monsieur, lui répondit un bon Canadien, nous sommes terribles pour les enfants. » Si les Français de France sont, sous ce rapport, si peu terribles, ce n'est pas qu'ils soient dégénérés. A côté d'un pain il naît un homme, dit le proverbe économique : le pain manque, voilà tout.

On fera remarquer, je le sais, qu'en Russie, dans une partie de l'empire d'Autriche et même de la Prusse, l'espace ne manque pas, et que les produits agricoles ont augmenté rapidement beaucoup moins en raison des bonnes méthodes et des progrès véritables de l'agriculture qu'en raison du défrichement de terrains incultes ; c'est fort possible, mais, quelles que soient les causes de cet accroissement de production plus rapide qu'en France, il n'en existe pas moins: ensuite on ne peut faire cette objection pour la Confédération germanique où la population est maintenant plus dense qu'en France, ni pour l'Angleterre où elle l'est beaucoup plus.

Sous le rapport militaire, nous pouvons, sans fausse modestie, nous donner le premier rang : nul peuple ne peut se vanter d'avoir fait autant de progrès dans l'art de tuer les hommes; mais, pour l'art de les nourrir, pour l'agriculture, nous n'occupons pas le premier rang, il faut bien l'avouer, pas même le second, car nous avons des voisins en Italie et en Belgique, de petits peuples insignifiants qui pourraient bien nous vaincre dans ces luttes pacifiques.

III

Pourquoi cette infériorité de la France en agriculture, cette base fondamentale du bien-être des peuples, de la prospérité, de la puissance, de la grandeur des Etats?

Quelques personnes voient une des grandes causes de l'insuffisance des produits agricoles dans cette multitude de routes, de canaux, de chemins de fer qui enlèvent à la culture des portions notables des

terrains les plus fertiles dans les plus riches vallées. Cette cause de
diminution est tout à fait secondaire ; si ces voies de communication
stérilisent quelques milliers d'hectares, elles donnent les moyens d'en
fertiliser des centaines de mille par la facilité de leur procurer des
engrais et de vendre mieux leurs produits.

D'autres personnes accusent les plantes industrielles, comme le
colza et les betteraves, de prendre la place du blé ; mais le colza donne
de l'huile dont nous manquons et nous dispense d'en acheter d'autant
à l'étranger, ses tourteaux sont un excellent engrais qui conserve la
fertilité de la terre ; les betteraves font du sucre, et, par leurs résidus,
nourrissent et engraissent de nombreux bestiaux qui non-seulement
nous donnent de la viande, mais rendent par leurs engrais la terre
plus féconde et assurent des récoltes admirables en céréales. Bien des
gens s'imaginent que plus on sème de blé, plus on en récolte ; ils sont
dans une grande erreur ; le blé ne rend qu'en raison du travail, du
soin, des engrais qu'on lui a donnés. Un hectare bien fait rapporte
autant que trois hectares mal faits, sans compter qu'on aura épargné
deux tiers de semence, et la semence n'est pas une petite affaire ; on
sème chaque année, en France, du froment et du seigle de quoi nourrir
sept millions d'hommes. On pourrait dire peut-être, avec plus de vérité : moins on fait de blé, plus on en récolte.

Pour se rendre compte des causes de l'insuffisance des progrès de
l'agriculture en France, il ne faut point considérer la question par ses
petits côtés, mais voir les choses de haut.

Il est des gens dont la prétention est d'être positifs, qui vous disent
avec un air de supériorité : « Entre nous, s'il y a peu de progrès en
France, c'est qu'il y en a très-peu à faire. Dans ce qu'on appelle le
monde agricole, on parle, on s'agite, on fait des calculs et des projets
merveilleux : rêveries que tout cela ; l'agriculture française est arrivée
à peu près au point qu'elle ne peut plus dépasser. Laissons le peuple
espérer et croire à des progrès chimériques, ça lui donne de la
patience ; mais les hommes sérieux savent à quoi s'en tenir. » Les
personnes qui s'expriment ainsi ne sont ni des agriculteurs ni des
observateurs attentifs des faits.

Certaines provinces de France, comme l'Alsace, la Flandre, la
Normandie, l'Ile-de-France, sont très-bien cultivées, les produits
sont considérables, prodigieux ; il semblerait, au premier coup d'œil,
qu'il n'y a plus aucun progrès à faire, et cependant c'est là que l'on en
fait chaque jour, que l'on en fait le plus. Si l'on compare ces provinces
à beaucoup d'autres du centre et du midi de la France, on est surpris
d'une différence énorme : on voit des bestiaux rares et chétifs,
des céréales sans vigueur, une agriculture misérable ; et cependant, si
vous considérez dans leur ensemble les sols de provinces si différentes

dans leurs produits, vous serez étonnés de voir que les derniers ne valaient primitivement guère moins que les premiers. Si ceux-ci donnent de si beaux produits, c'est que, pendant de longues années, des hommes actifs, intelligents, les ont améliorés par des travaux et des soins bien entendus, des engrais abondants, des cultures raisonnées, des capitaux utilement dépensés. Qu'on fasse de même dans les pays arriérés, et on arrivera aux mêmes résultats. Quels merveilleux accroissements pourraient alors avoir lieu dans la fortune de la France! Cultivée partout comme sont cultivées certaines parties de ses provinces du nord, la France pourrait, dans un demi-siècle, doubler sa production et avoir soixante millions d'hommes mieux nourris, plus robustes, plus heureux que les trente-six millions qu'elle possède aujourd'hui. De 1801 à 1851, l'Angleterre proprement dite et l'Écosse ont doublé leur population et leur production agricole [1].

Pour bien connaître les causes de l'insuffisance et de la lenteur des progrès de l'agriculture, il faut d'abord connaître l'état du sol cultivable en France et des propriétaires et cultivateurs ruraux; là doit se trouver l'explication de plus d'une énigme, la clef de bien des choses. Nous avons heureusement sur ce sujet les documents les plus précieux. Avant la Révolution, je parle de celle de 1789, qui a eu tant de filles plus ou moins légitimes, le gouvernement n'avait pas pu faire deux choses dont le travail lui semblait gigantesque, le recensement général de la population et le cadastre général de la France. Grâce à Dieu, nous les avons maintenant et au grand complet. Il est vrai que, comme le cadastre n'a été terminé qu'après quarante ans de travaux, il s'est fait bien des changements. Pour être toujours vrai, le cadastre serait à refaire continuellement; il ressemblerait alors à la toile de Pénélope, mais, tel qu'il est, il n'en jette pas moins, ainsi que les recensements et les registres des hypothèques et de l'enregistrement, une vive lumière sur la question qui nous occupe.

IV

D'après les résultats du cadastre donnés dans le volume officiel de la statistique de France, publié en 1854. le nombre des parcelles, c'est-à-dire de portions de terrain appartenant à des propriétaires différents ou d'une nature de cultures entièrement différentes, s'élève pour la France continentale à cent vingt-six millions (126,210,194). Mais ce n'est pas l'état actuel des faits : le cadastre commencé en 1808 et terminé en 1847 (sauf en Corse) répond à l'année moyenne de 1827; c'est ce qu'on a soin d'expliquer à la première page des résumés généraux.

[1] La Grande-Bretagne avait, en 1801, 10.917,433 habit.; en 1851, 21,121,967.

1.

Et cependant on voit à chaque instant dans des écrits récents, dans des rapports même de personnages officiels, que le sol de la France est divisé aujourd'hui en cent vingt-six millions de parcelles. S'il pouvait rester le moindre doute sur cette erreur, qu'on voie les tableaux de la page 5 à la page 7 dans la statistique de la France: le chiffre de cent vingt-six millions est formé par l'addition des parcelles résultant, dans chaque département, des travaux du cadastre faits à diverses époques de 1808 à 1847.

Le nombre des parcelles est aujourd'hui beaucoup plus considérable, comme le prouve l'accroissement des cotes foncières.

Le nombre des cotes foncières, c'est-à-dire des bordereaux indiquant l'impôt total dans chaque commune de chaque propriétaire foncier, n'était, d'après les résultats du cadastre, pour l'année moyenne 1827, que de onze millions (11,055,702); mais en 1842 il s'élève déjà à onze millions et demi (11,511,841); au 1er décembre 1854 il dépasse treize millions (13,125,758) (page 12 de la statistique).

Sans doute beaucoup de ces nouvelles cotes sont dues à des constructions nouvelles; mais un plus grand nombre ont eu nécessairement pour cause des divisions d'immeubles ruraux. Voici à ce sujet ce que dit M. Casabianca dans un rapport qu'il vient de présenter au Sénat sur un projet de Code rural. Il y a quelque cinquante à soixante ans que l'on réclame un code rural en France, qu'on le prépare; si le Sénat parvient à en doter la France, il aura fait ses preuves et me rappellera ce mot de Descartes : *Je pense, donc je suis*. Voici les paroles de M. Casabianca :

« Si nous examinons le mouvement opéré pendant ces quatre années (de 1850 à 1854), nous trouvons une augmentation de cotes foncières de. 428,572

« Celles qui proviennent de constructions nouvelles imposées aux rôles se montent à. . . . . . • 164,479

« Toutes les autres sont afférentes à des immeubles ruraux : le nombre de ces immeubles qui se sont frac-

tionnés dans le cours de ces quatre années est donc de   263,893. »

On voit que plus des trois cinquièmes de l'accroissement des cotes foncières s'appliquent à des propriétés rurales. Je serais même disposé à croire que cette proportion est au-dessous de la vérité. Presque toujours les personnes qui construisent, et surtout dans les campagnes, ont déjà des terrains et par conséquent une cote foncière; la construction accroît le chiffre de leurs cotes, mais ne fait pas une cote nouvelle.

Les partisans de la petite propriété doivent être contents; la division marche assez rapidement, comme on le voit. Il est vrai que cette division est contestée quelquefois. M. Hyppolite Passy a fait une bro-

chure intéressante où il prétend prouver, par l'exemple de certains
cantons dont il a relevé les mutations, que le sol ne se morcelle plus en
France. Je crois qu'il a, dans cette circonstance, fait preuve de talent
plus que d'exactitude, c'est ce qui arrive quelquefois aux hommes d'esprit. Et, à ce propos, je ne conçois pas bien, je l'avoue, les personnes
qui trouvent que notre législation est parfaite, que la petite propriété
est chose excellente; plus la loi porte ses fruits, plus la division augmente, plus ils devraient être satisfaits.

En présence des chiffres officiels que je viens de faire connaître,
peut-il y avoir le moindre doute sur les progrès du morcellement pour
l'ensemble de la France? L'agglomération des parcelles est presque une
impossibilité; leur morcellement, une nécessité. Faire des domaines en
achetant une à une des parcelles à des paysans ne peut être qu'une
exception, car les plus grosses fortunes pourraient s'épuiser à faire ce
métier de dupes. Le morcellement est accru non pas tant par la loi
qui prescrit les partages égaux que par les ventes des domaines en détail et la manie de la plupart des paysans de partager dans une succession chaque champ entre chaque héritier. Ce morcellement est encore
accru par deux causes nouvelles. Toutes ces routes, tous ces chemins
de fer que l'on construit partout sur de si grandes longueurs, coupent en
deux une multitude de propriétés, et, d'une parcelle, en font deux.
Ensuite beaucoup de terrains communaux incultes sont vendus par
petites pièces, découpées dans une grande lande qui ne formait qu'une
seule parcelle. Je ne prétends pas dire qu'on ait tort de vendre des
biens communaux, je constate seulement cette nouvelle cause d'accroissement des parcelles.

Si cet accroissement avait suivi la même marche que celui des cotes
foncières, il serait de vingt-cinq millions, et le nombre total des parcelles s'élèverait aujourd'hui à cent cinquante et un millions; mais.
pour être sûrs de ne rien exagérer, ne comptons que les trois cinquièmes, soit quinze millions, et en totalité cent quarante et un millions de parcelles.

Pour l'objet qui nous occupe, c'est-à-dire l'agriculture, il faut déduire les parcelles provenant des propriétés bâties qui, en 1846, date
du dernier dénombrement, s'élevaient à près de sept millions et demi
(7,462,54). Ensuite il faut en déduire les propriétés bâties depuis
1846. D'après les observations de M. Casabianca, le chiffre annuel de
ces constructions nouvelles est à peu près de quarante et un mille
cent dix-neuf, pour dix ans, quatre cent onze mille. Mais, comme
ces propriétés bâties peuvent former plus d'une parcelle, je double ces
chiffres et je déduis des cent quarante et un millions de parcelles :
seize millions, restent cent vingt-cinq millions de parcelles pour les
propriétés rurales.

Pour avoir une juste idée de ce que c'est que cent vingt-cinq millions de parcelles pour notre propriété rurale, il faut savoir l'étendue de la France. Elle ne contient que quarante-neuf millions deux cent quatre-vingt-cinq mille hectares en propriétés non bâties imposables (p. 11); la moyenne de chaque parcelle ne serait donc que de trente-neuf ares quarante-deux centiares.

Mais, sur ces quarante-neuf millions d'hectares plus de sept millions et demi (7,702,455) sont en bois, et plus de sept millions (7,176,205) en marais et landes et possédés généralement en grandes masses par l'Etat, les communes et des particuliers riches. Ces chiffres sont donnés par le cadastre; mais, en raison des défrichements et ventes de terrains communaux qui ont eu lieu depuis, ne mettons pour le tout que quatorze millions et demi. En supposant que chaque parcelle de ces bois et landes soit en moyenne de cinq hectares seulement, ce qui est au-dessous de la vérité, ce serait trois millions de parcelles environ à déduire, et il resterait cent vingt-deux millions de parcelles pour trente-cinq millions d'hectares à peu près en culture, soit, en moyenne, vingt-huit ares soixante-huit centiares par parcelle.

Mais il existe encore un assez grand nombre de domaines agglomérés où cependant on aura indiqué autant de parcelles qu'il y avait de cultures entièrement différentes ou d'enclos séparés; plusieurs même sont considérables en étendue : on en trouve dans toutes les provinces de France, et notamment dans la Brie, la Beauce, le Berry, le Bourbonnais. Supposons, ce qui doit approcher de la vérité, qu'il y ait en moyenne par commune deux cents hectares composant des domaines assez bien agglomérés, ce serait pour la France plus de sept millions d'hectares. En admettant que ces domaines présentent au cadastre des parcelles de quatre hectares en moyenne, on devrait déduire alors des trente-cinq millions d'hectares cultivables sept millions, et des cent vingt-deux millions de parcelles deux millions environ; la moyenne des parcelles ne serait plus pour les vingt-huit millions d'hectares restant que de vingt-trois ares trente-trois centiares, c'est-à-dire ce que peut labourer une charrue en trois ou quatre heures.

Si l'on disait que je ne porte pas assez haut le nombre des domaines agglomérés, je ferais remarquer que le morcellement du reste serait encore dans ce cas bien plus grand. Si par exemple l'on prétendait, ce que je crois tout à fait contraire à la vérité, que le tiers du sol cultivable est en domaines agglomérés ayant en moyenne des parcelles de quatre hectares, les vingt-trois millions un tiers qui resteraient n'auraient plus en moyenne que dix-neuf ares quatre-vingt-sept centiares.

Il est évident que les deux tiers au moins du sol cultivable de la France sont divisés en petites parcelles. Nous approchons, en fait de morcellement, du beau idéal.

V

Dans la statistique générale on voit aussi l'état, en 1842, des cotes foncières par catégories (p. 12); le total n'était encore que de onze millions cinq cent onze mille ; il confirme complétement ce que nous venons de dire sur l'état du sol. Les cotes au-dessous de cinq francs s'élèvent à près de cinq millions et demi (5,440,580), de cinq francs à cent francs à plus de cinq millions et demi (5,577,949). Ces cotes à elles seules ont payé en 1842 cent trente-cinq millions à peu près sur deux cent soixante-huit millions montant de l'impôt foncier total de cette année. On a dit et on répète souvent que les cotes au-dessous de cent francs s'appliquent au tiers du sol; ces chiffres incontestables prouvent qu'elles s'appliquent à la moitié. Mais quel revenu net suppose en propriétés rurales une cote même de cent francs ? six fois à peu près l'impôt, soit six cents francs nets, c'est-à-dire une somme bien inférieure à ce qui serait nécessaire à un homme, et à plus forte raison à une famille, pour vivre de ses rentes. Si vous ajoutez la moitié seulement de l'impôt payé par les cotes de cent à trois cents francs, c'est-à-dire vingt-sept millions à la somme produite par les cotes au-dessous de cent francs, vous trouverez que près des cinq huitièmes de l'impôt total étaient payés en 1842 par des cotes qui supposent un revenu trop faible pour que leurs propriétaires ne travaillent pas pour vivre. Sans doute un propriétaire peut avoir plusieurs cotes dans différentes communes, et leur nombre peut, malgré leur modicité, faire supposer une fortune assez considérable, mais ce ne peut être que l'exception. D'un autre côté les cotes foncières comprenaient l'impôt des propriétés bâties, et dans presque toutes les petites cotes se trouvent des maisons qui accroissent l'impôt sans accroître le revenu; beaucoup de grosses cotes comprennent les impôts des grandes maisons dans toutes les villes, de presque tous les bois possédés par grandes masses, et enfin le nombre des cotes s'est accru depuis 1842 de près d'un septième ; lorsqu'on réfléchit à ces faits, on demeure convaincu qu'aujourd'hui les deux tiers au moins des trente-cinq millions d'hectares en culture sont dans les mains des petits propriétaires, dont l'immense majorité cultive son bien.

Beaucoup de ces propriétaires n'ont que fort peu de chose, comme on le pense bien. Voici ce que dit M. Casabianca dans son rapport :

« Du recensement général qui a eu lieu en exécution de la loi du 7 août 1850, il résulte que, sur les sept millions huit cent quarante-six mille propriétaires portés aux rôles, trois millions, c'est-à-dire près de la moitié, ne payent point de contribution personnelle. Cette exemption, pour la plupart d'entre eux, n'a d'autre cause que leur indigence reconnue par l'autorité municipale.

« On en compte six cent mille dont l'impôt n'excède pas en principal cinq centimes par an. »

Ces chiffres si élevés de propriétaires indigents m'auraient semblé exagérés s'ils n'étaient pas cités par un sénateur parlant au nom d'une commission ; il a dû trouver au ministère des finances des documents officiels qui ne sont pas encore livrés à la publicité. Le ministère des finances a dans ses cartons bien des trésors cachés ; je ne suis pas le seul à désirer les avoir pendant quelques jours à ma disposition ; ce que nous a révélé M. Casabianca nous indique assez combien la moisson de l'économiste pourrait être riche.

V I

Voyons maintenant quel est l'état des dettes de la propriété foncière. Au 1ᵉʳ juillet 1852, les inscriptions hypothécaires non rayées ni primées s'élevaient à plus de onze milliards (11,255,265,778) ; vingt ans plus tard l'administration des finances donnait à la Société du Crédit foncier un tableau de cette dette, qui s'élevait à douze milliards sept cent vingt et un millions ; l'augmentation était d'un milliard et demi.

En déduisant de ces chiffres les créances éventuelles sur les biens des comptables, des tuteurs, et qui, en 1840, s'élevaient à douze cent cinquante millions, il existe aujourd'hui, cinq années après le dernier état des dettes, au moins onze milliards et demi d'hypothèques ou priviléges de vendeurs portant intérêts.

Je sais très-bien que parmi ces inscriptions il en est qui font double emploi, et pour beaucoup d'autres la dette a été remboursée ; afin d'éviter des frais, on attend que l'hypothèque soit périmée, une inscription non renouvellée étant éteinte au bout de dix ans. Mais l'accroissement considérable de nouvelles inscriptions prouve que les dettes qui s'éteignent sont plus que remplacées par de nouvelles dettes, et d'ailleurs combien de propriétaires ont des dettes sur simples billets ou sur obligations sans hypothèques ! Le propriétaire n'emprunte sur hypothèque que lorsqu'il est déjà gêné, lorsqu'il n'a plus de crédit. On peut affirmer que les dettes non inscrites sont bien supérieures au chiffre des inscriptions faisant double emploi ou dont la dette a été remboursée.

L'intérêt payé par les propriétaires fonciers pour leurs dettes ne peut pas être estimé en raison des frais d'actes à moins de six pour cent et pour la totalité à moins de sept cents millions par an.

Les maisons hypothéquées supportent sans doute une portion de ces intérêts, mais évidemment la plus grande partie est au compte de la propriété rurale, probablement plus des trois quarts. Quelle charge effroyable et qui explique bien des choses agricoles et politiques !

N'oublions pas que la plus forte partie des dettes frappe, en France, sur des propriétaires qui cultivent eux-mêmes leurs biens et que leur culture en est directement affectée.

En Angleterre, où, en général, les domaines sont loués à des fermiers riches et intelligents, le propriétaire peut avoir des dettes sans que pour cela la terre soit moins bien cultivée.

D'un autre côté, les ventes d'immeubles s'élèvent chaque année à des sommes très-considérables. Dans les huit années, de 1833 à 1840, les droits payés à l'enregistrement pour ventes d'immeubles ont rapporté en moyenne au Trésor soixante-dix-neuf millions par an (79,157,000) ; les droits se sont élevés en moyenne dans les sept années, de 1841 à 1847, à quatre-vingt-quinze millions par an (95,079,000) (voir les comptes rendus des finances); ce qui suppose pour cette dernière période, à six francs cinq centimes de droits par cent francs, des ventes annuelles pour une valeur de quinze cent soixante et onze millions, et chacun sait que dans la plupart des actes on dissimule une partie du prix, le plus que l'on peut; la valeur réelle a dû être de deux milliards au moins.

Si, dans les années qui ont suivi la révolution de 1848, les droits de vente n'ont produit en 1849 et 1851 que soixante-quatorze millions par an, c'est que les propriétaires obérés retardaient le plus possible le moment de se défaire de propriétés dépréciées. Depuis cette époque les ventes ont repris leur marche ascendante.

Cette masse énorme d'immeubles vendus chaque année, dont les trois quarts au moins sont des propriétés rurales, n'indique pas une position bien satisfaisante des propriétaires : beaucoup vendent parce qu'ils y sont forcés par leurs créanciers, d'autres parce qu'ils ne peuvent plus vivre avec leurs biens et afin d'avoir des revenus plus forts en plaçant leur argent.

D'après le rapport de M. Casabianca, si l'on en croit le recensement général fait en 1850, la valeur totale du sol, y compris les maisons et les usines, était de quatre-vingt-trois milliards sept cent quarante-quatre millions, et le revenu net de deux milliards six cent quarante-trois millions. Il résulte de ce que je viens de dire que l'intérêt des dettes absorberait, si l'on commence par prélever l'impôt foncier, le tiers à peu près du revenu net, et qu'au bout de quarante et un ans on aurait vendu la valeur de tout le sol de la France.

Mais ces chiffres de deux milliards six cent quarante-trois millions et de quatre-vingt-trois milliards sont-ils exacts ?

En 1820 on avait fait un recensement général ; le revenu n'était alors que de un milliard cinq cent quatre-vingts millions, et le capital de trente-neuf milliards cinq cent quatorze millions (voir le rapport Casabianca).

Ainsi en trente ans le revenu aurait augmenté de un milliard soixante-deux millions et le capital de quarante-quatre milliards deux cent trente millions ! Ces chiffres font pousser des cris d'admiration, on les oppose comme une réponse triomphante à toutes les observations sur la lenteur des progrès de l'agriculture : mais ne sont-ils pas un peu fantastiques ?

Sans doute la fortune immobilière de la France s'est grandement accrue depuis trente ans ; mais un accroissement de soixante-sept pour cent dans le revenu foncier et de cent vingt-six pour cent sur le capital, tandis que la population ne s'est accrue que de dix-sept pour cent à une époque où nulle découverte extraordinaire de mines d'or ou d'argent n'avait encore changé la valeur des monnaies, c'est absolument impossible.

Par qui a été fait ce recensement ? par des agents du fisc, toujours disposés à exagérer les revenus pour augmenter les recettes, fondant leur espoir d'avancement sur les preuves de leur zèle et de leur intelligence financière, stimulés par les ministres qui veulent croire et faire croire que tout prospère sous leur administration. Ceci me rappelle un passage du livre d'Arthur Young, le grand agriculteur anglais qui, à l'aide de longs voyages et de longues recherches, était parvenu à connaître mieux que personne la fortune agricole de l'Angleterre et de la France. Il écrivait en 1790, lors de son dernier voyage en France : « Il serait à souhaiter qu'on fît encore le tour de l'Angleterre avec les « mêmes vues que je l'ai parcourue il y a vingt ans, afin de pouvoir « donner une estimation certaine de ses progrès ; une pareille connais-« sance est utile à tout homme qui veut bien entendre la situation de « son pays ; elle est si utile, qu'elle devrait s'acquérir aux dépens, non « pas du gouvernement, mais du Parlement indépendamment des mi-« nistres, s'il est possible, parce que ceux-ci ont toujours intérêt à re-« présenter la nation comme florissante, car la plupart d'entre eux « s'attribuent la prospérité du royaume, quoiqu'ils n'y contribuent peut-« être pas d'un atome. »

Comme il était facile pour les agents du fisc, si bien excités dans leurs recherches, de se tromper et d'exagérer dans un pays où les quatre cinquièmes du sol sont cultivés par les propriétaires eux-mêmes ou par des métayers ou petits fermiers sans baux authentiques, où l'on peut confondre les frais et le bénéfice de l'exploitant avec le revenu net du propriétaire !

Il y a un moyen bien simple et beaucoup plus sûr de connaître à

peu près le revenu foncier de la France. L'impôt foncier en principal
était, en 1854, de cent soixante millions cinq cent soixante-seize mille
francs ; l'administration financière elle-même estimait, il y a quelques
années, que ce chiffre devait être multiplié par douze et demi pour
connaître le revenu net; il serait dès lors de deux milliards sept millions.

La totalité de l'impôt foncier, y compris les centimes addition-
nels de toute espèce, s'élevait, la même année, à deux cent soixante-
quatre millions trois cent quarante cinq mille francs (page 94 du bud-
get). Admettons, ce que je crois encore au delà de la vérité, que
l'impôt n'atteigne, en considérant l'ensemble de la France, que le hui-
tième du revenu, dans bien des pays il est le sixième et même le cinquième. Le revenu serait de deux milliards cent dix-sept millions, et,
déduction faite de l'impôt, de un milliard huit cent cinquante millions.

Quant au capital, s'il atteint soixante milliards, c'est beaucoup, car
ce serait l'estimer à trois pour cent du revenu net, et dans la masse
se trouvent les maisons et les usines qui se vendent ordinairement à
cinq pour cent au plus.

Lors donc que l'on compare les dettes et les ventes de propriétés
foncières avec les revenus et la valeur de tous les immeubles de la
France, on reconnaît que les intérêts des dettes absorbent plus du
tiers du revenu total, et que, dans l'espace de trente ans, on a vendu
la valeur de tout le sol de la France.

J'entends tous les jours citer les recettes de plus en plus considérables de l'enregistrement comme une preuve de prospérité : il faut
avoir la bonne humeur et les yeux du docteur Pangloss pour trouver
là une preuve de prospérité. A ce compte, la fortune rapide des avoués
et des huissiers d'un arrondissement prouverait l'activité des gens du
pays et la prospérité du commerce et de l'agriculture ; cependant leur
embonpoint n'indique pas celui des plaideurs.

Depuis cinq ans, les recettes provenant des droits sur les boissons
n'ont pas cessé de s'accroître; cela prouve-t-il la prospérité des propriétaires de vignes ruinés ou obérés pour la plupart par cinq récoltes
détestables?

Et à ce propos je ne serais pas fâché de dire un mot de l'extase où
tombent beaucoup de gens sur l'immensité de la richesse publique :
« Sans parler, disent-ils, de la propriété foncière, dont les revenus dé-
passent deux milliards et demi et le capital quatre-vingt milliards,
sans parler des capitaux placés dans le commerce et l'industrie ordinaire avec des bénéfices sans cesse croissants et qui doivent approcher des revenus fonciers, voyez près de trois milliards mis dans les
chemins de fer rapporter plus de cent cinquante millions nets par an,
plus de six milliards dus par l'État et de douze milliards prêtés aux pro-

priétaires donner à une multitude de rentiers et de créanciers au moins neuf cents millions de revenu; que de capitaux, que de richesses, que de progrès! » Ces discours sont tenus ordinairement par ceux qui ont de bonnes rentes et de bons appointements et me rappellent ces mots si naïfs du personnage de Molière : « Quand j'ai bien bu et bien mangé, je prétends que tout le monde soit content dans la maison. »

Certes, je suis loin de nier l'accroissement très-considérable de la fortune mobilière; mais permettez : dans ce que vous venez de dire, ne comptez-vous pas deux fois la même chose? D'abord, dans le commerce et l'industrie les grandes prospérités nouvelles que l'on voit ne sont produites souvent, au moins en partie, que par la ruine d'une foule de petites prospérités que l'on ne voit plus; tandis que la propriété foncière se multiplie, la petite propriété industrielle tend à disparaître ; de chef d'industrie on devient ouvrier.

Quant aux bénéfices des chemins de fer, pour calculer avec exactitude l'accroissement de la fortune publique, il faudrait déduire quelque chose, à ce qu'il me semble, pour les immenses capitaux des anciennes industries de transport et autres anéantis par ces chemins.

Si vous mettez en ligne de compte les neuf cents millions d'intérêts annuels dus par l'État et les propriétaires, ôtez-les donc du revenu du sol, car c'est le sol qui est chargé de les payer. La richesse n'est pas ainsi augmentée; elle est seulement déplacée et souvent de la manière la plus fâcheuse, car faites que cette richesse mobilière soit encore plus multipliée, qu'il y ait trois ou quatre fois plus de créanciers, de capitaux ainsi placés, et il n'y aura plus de propriété foncière, il n'y aura plus que des malheureux cultivant à la sueur de leur front des terres mises sous leurs noms, mais dont le fisc et les créanciers absorberont la substance.

VII

Lorsque l'on considère l'ensemble et la marche des faits économiques en France, on est frappé du contraste entre l'agriculture et l'industrie. La première avance lentement, l'autre court; l'agriculture manque de capitaux, l'association en donne d'immenses à l'industrie. Tout ce que les sciences exactes, tout ce que le génie du gain découvrent et inventent, est à l'instant, mis en œuvre par de puissantes machines, dans de vastes usines dirigées par des hommes intelligents et dont les nombreux ouvriers travaillent avec la régularité d'un régiment bien discipliné; le progrès ne s'arrête pas, il écrase, il est vrai, dans sa marche une foule de petites industries, mais il accroît sans cesse les produits. Le commerce de la France avec les étrangers, dont le chiffre s'augmente chaque année de centaines de millions, ne doit cette prospérité qu'aux fabriques, à l'industrie; l'agriculture n'est pour rien dans ces exportations naissantes.

L'exemple de fortunes considérables, éclatantes, faites dans l'industrie et le commerce, frappe, excite, enflamme les esprits; tout y court, les capitaux et les hommes. Aussi les industriels forment dans l'Etat une classe de plus en plus influente : le gouvernement, même le plus fort, le plus absolu, doit compter avec elle ; nous en avons des exemples.

Sous la dernière république l'ouvrier fut un moment à la mode ; tout le monde voulait être ouvrier : le propriétaire qui faisait valoir son bien était ouvrier cultivateur, l'homme de lettres ouvrier de la pensée, le fonctionnaire ouvrier de l'Etat. Mais cet engoûment a peu duré. Dans les temps qui avaient précédé, l'industriel était en vogue; on se targuait d'être manufacturier, maître de forges, comme à une autre époque d'être cordon rouge ou cordon bleu; plus d'un gentilhomme aspirait au titre d'industriel. On vous décorait, on vous honorait pour avoir trouvé des moyens de faire fortune. Ces temps sont-ils changés? je le demande. Seulement le manufacturier doit partager le sceptre avec le spéculateur capitaliste, l'homme d'Etat de la Bourse. On disait autrefois qu'il y avait un quatrième pouvoir dans l'Etat et qui dominait les autres, la presse ; ce pouvoir n'a-t-il pas été remplacé par la Bourse?

Au-dessous des hautes régions de l'industrie et des spéculateurs en grand on voit se presser la foule toujours croissante des petits spéculateurs, des petits commerçants, des détaillants; le nombre des patentés était, en 1826, de 1,109,715; en 1846, de 1,552,807; en 1853, il s'élève à 1,566,913. Il s'accroît de 214,000 en sept années.

Sans doute l'industrie a fait quelque bien à l'agriculture en accroissant ses débouchés. L'emploi dans certaines fabriques d'une plus grande quantité de matières premières produites par le sol français, les agglomérations d'ouvriers bien payés et pouvant consacrer plus d'argent à leur nourriture, ont donné un stimulant à la production agricole. Mais ce bien peut-il compenser le mal ? Combien de capitaux ont abandonné l'agriculture pour l'industrie ! combien d'hommes actifs, intelligents, ont abandonné les champs pour les usines et les boutiques ! «Tant vaut l'homme, tant vaut la terre,» dit le proverbe; eh bien, l'homme qui pourrait la fertiliser s'en va! On peut rêver de faire fortune dans l'industrie; mais comment espérer rien de pareil dans l'agriculture pour les trois quarts des villages de la France, où il n'y a pas même une ferme un peu importante?

VIII

Si l'industrie, tout en développant les débouchés, est cependant un

obstacle aux progrès de l'agriculture, que dirons-nous de l'ensemble
du système gouvernemental et financier qui domine en France depuis
de bien longues années ?

La France est un pays de fonctionnaires ; leur nombre est immense
et va toujours croissant ; celui des aspirants aux places est vingt fois
plus considérable encore. J'ai été représentant, j'ai eu ma petite part
d'influence et de souveraineté, et j'en sais quelque chose, j'en sais trop ;
avoir une place, c'est le rêve des père et mère de famille, c'est le rêve
des enfants ; nobles, bourgeois, hommes du peuple, tout le monde en
veut. Cette monomanie enlève aux champs, à la vie rurale les petits et
les grands, et ces fonctionnaires, s'ils ont des propriétés, ne les aper-
çoivent même plus ; on les envoie loin de chez eux, ils passent leur
vie à courir d'un bout de la France à l'autre à la poursuite de l'avancement.

Tandis que l'industrie et le fonctionarisme enlèvent aux champs les
hommes les plus actifs et les plus intelligents, le système financier
les accable. L'impôt foncier, à considérer les choses dans leur géné-
ralité, prend à la propriété le septième à peu près du revenu net,
c'est-à-dire plus de quatorze pour cent, tandis que nul impôt direct ne
frappe les énormes revenus des valeurs mobilières ; mais encore s'il
était le seul !

Les droits de mutation pour les biens-fonds rapportent au trésor
cinquante millions chaque année environ. Toute personne qui devient
propriétaire foncier par succession ou donation est obligée de payer
un droit qui, selon les degrés de parenté, varie depuis un franc vingt
centimes jusqu'à dix francs quatre-vingts centimes pour cent, en pre-
nant le texte de la loi, mais en réalité à une somme presque toujours
supérieure, car pour établir les bases de ce droit on ne fait nulle déduction des dettes de la succession, de sorte qu'on peut être obligé de
payer vingt, trente, cinquante pour cent et plus. Chaque propriétaire
nouveau est obligé d'emprunter presque toujours pour satisfaire le
fisc ; je vous laisse à penser s'il est alors en état d'améliorer son bien !
A ce propos, pourrais-je faire remarquer que cet impôt est socialiste
et dangereux au plus haut degré ? Je me rappelle que l'un de mes col-
lègues à l'Assemblée nationale , socialiste savant , polytechnicien,
disait, non pas à la tribune, mais dans la conversation : « Que nos amis
ont donc été bornés de se jeter dans les grandes phrases et dans les
lois compliquées ! il n'y avait qu'un seul article du tarif de l'enregistrement à changer : en élevant les droits de mutation à quatre-vingts pour
cent, par exemple, notre affaire aurait été bientôt faite et de la manière
la plus simple. »

Les droits perçus par l'enregistrement sur les ventes d'immeubles
sont actuellement de six francs soixante centimes par cent du prix

d'acquisition et prélèvent chaque année. sur la propriété foncière, près de cent millions.

L'impôt sur les boissons, qui pèse sur les produits de l'agriculture, dépasse cent millions.

Les tarifs des octrois des villes et bourgs frappent les produits de l'agriculture, jamais ceux de l'industrie, et cet impôt rapporte plus de quatre-vingts millions.

Ajoutez à toutes ces charges actuelles et certaines toutes les éventualités qui peuvent frapper la propriété foncière.

Qu'il se fasse une grande guerre, des dépenses excessives; qu'une grande crise se déclare, les recettes des contributions indirectes diminueront, des besoins d'argent immenses. impérieux, se déclareront, on aura recours alors à la propriété foncière, qui ne peut échapper à l'impôt et qui est possédée par des gens paisibles, incapables de se révolter jamais et de faire des révolutions. Cette propriété a toujours suspendue sur sa tête l'épée de Damoclès.

Que dirais-je d'autres fardeaux que doit supporter cette propriété? *Qui terre a guerre a*, dit le proverbe. Les propriétaires sont exposés à des difficultés, à des procès dispendieux avec des voisins, des fermiers, des délinquants; ils sont exposés aux accidents d'incendies, d'épizooties, aux intempéries des saisons qui peuvent détruire les récoltes, le fruit de longs travaux ; il est fort rare que leurs revenus arrivent bien entiers et à jour fixe.

Tandis que tel est l'état du propriétaire foncier, le gouvernement fait des emprunts qui assurent aux souscripteurs des revenus beaucoup plus élevés, payés deux fois par an, à jour fixe, sans mécomptes, sans embarras, exempts de tout impôt, sauf le droit de mutation par décès . ou donation. De grandes compagnies, patronnées par le gouvernement, qui leur garantit un minimum d'intérêt et dont les dividendes sont presque toujours beaucoup plus élevés que cet intérêt, présentent aux capitaux l'appât de leurs actions, de leurs obligations ; les arrérages sont payés à jour fixe et sans frais. Ces rentes, ces actions, ces obligations, qui ne craignent ni grêle, ni gelée, ni encendie, ni épizootie, qui ne donnent lieu à aucun procès, à aucun mécompte. se vendent avec la plus grande facilité sans payer aucun droit à l'État.

Jusqu'à ces derniers temps la terre, par les institutions politiques, par les lois électorales et l'opinion publique, avait conservé encore une sorte de supériorité morale sur la fortune mobilière. Le sentiment de l'importance et de la considération que la terre donnait à ses possesseurs accroissait sa valeur. Ce sentiment s'en va depuis surtout que chacun comprend bien que personne n'est quelque chose par lui-même ou par ses concitoyens et que les capitalistes ont à peu près seuls quelque importance.

Aussi vous trouvez partout bien des gens qui vous disent très-sérieusement : « C'est une duperie d'être propriétaire foncier, un esclavage: les gens de bons sens et d'esprit transforment leurs terres en bons capitaux qui leur permettent de vivre largement et libres ; laissons le paysan se tuer à remuer la terre. » Ces discours sont tenus non-seulement par presque toute la jeunesse des familles riches, mais par les hommes graves. On veut jouir.

Depuis quelques années surtout il se fait un grand changement pour le mode de placement des capitaux. Dans les villes moyennes et les petites villes, les capitaux formés par l'économie ou provenant de la vente des domaines en détail se plaçaient en grande partie dans les campagnes voisines ; il n'en est plus ainsi. Depuis la grande extension prise par les caisses d'épargne qui reçoivent les économies du peuple de toute la France, centralisées au trésor et employées à toute autre chose qu'à l'agriculture ; depuis surtout les emprunts nationaux, les capitaux sont retirés des campagnes en y laissant un vide immense et sont placés sur la rente, sur les chemins de fer, sur les actions industrielles de toute espèce qui se négocient à la bourse de Paris, où tout se concentre. Il n'est pas un notaire en province qui fasse aujourd'hui le quart des placements d'argent qu'il faisait il y a vingt ans. Aussi parlez-leur de la prospérité toujours croissante, ils lèveront les yeux au ciel sans oser vous répondre.

IX

L'argent de ces impôts qui accablent la propriété foncière est-il dépensé et réparti au moins avec justice? On va en juger.

Prenons, par exemple, le compte général de l'administration des finances de 1850 (pages 90 et 150) et nous y verrons où et comment se produisent les excédants de dépenses publiques sur les recettes.

Pour l'armée d'Italie et l'Algérie l'excédant a été de soixante-quatre millions neuf cent cinquante-deux mille francs. Il a été payé par la France entière et ne peut donner lieu à aucun reproche d'injustice.

Viennent ensuite vingt-deux départements, sans compter celui de la Seine, qui ont reçu soixante-dix millions cent quatre-vingt-sept mille francs de plus qu'ils n'ont donné. Ce sont les départements suivants : Alpes (Hautes et Basses), Charente-Inférieure , Cher, Corse, Côte-d'Or, Finistère, Indre-et-Loire, Manche, Meurthe, Meuse, Morbihan, Moselle, Nièvre , Pyrénées (Hautes, Basses et Orientales), Bas-Rhin, Seine-et-Oise, Var, Haute-Vienne et Yonne.

Ces soixante-dix millions d'excédant de dépenses s'expliquent, pour quelques départements de l'intérieur, par des constructions de chemins de fer ou de grandes usines travaillant au matériel de la guerre ou de la marine, et pour presque tous les autres par les garnisons nombreuses veillant aux frontières ou par les grands ports de la marine militaire. C'est l'intérêt de la défense nationale, c'est la grandeur de la France qui nécessitent cet excédant de dépense.

Maintenant examinons à part le département de la Seine. Sans doute nous allons trouver pour ce département, siége du gouvernement et séjour d'une foule de rentiers de l'État, un excédant considérable ; mais quel est-il?

Les recettes publiques se sont élevées à. . 163,074,525 francs.
Les dépenses à. . . . . , ... 497,356,133   »
                              _____
                  Différence. . . . . . 334,281,608 francs.

Trois cent trente-quatre millions d'excédant. Certes, le chiffre est éloquent.

Que l'on ne croie pas que l'année 1850 soit exceptionnelle ; dans toutes les années antérieures, c'est à peu près la même chose. Quant à ce qui se passe en finances depuis quelques années, je l'ignore, mais il est évident que nous n'avons pas une réaction contre les dépenses exagérées faites à Paris et dans les grandes villes et que cet excédant de dépenses à Paris doit être bien dépassé.

Les sommes immenses prises sur toute l'étendue du territoire pour être dépensées sur un point expliquent, sans doute, la prospérité des départements qui, par leur voisinage, peuvent profiter de ce pactole ; mais aussi l'appauvrissement, la misère de ceux qui ont contribué à le former et que leur éloignement empêche d'en profiter.

D'ailleurs, l'impôt n'est pas seul malheureusement à faire le vide sur une vaste étendue et le trop plein sur un point.

Beaucoup des plus riches propriétaires de France font pour la répartition du produit du sol un effet analogue à celui de la répartition du produit de l'impôt. Ils dépensent à Paris ou dans quelques grandes villes une grande partie des revenus de leurs propriétés ; ils sont une nouvelle pompe aspirante et précisément pour les pays les plus arriérés. les plus pauvres; car ce sont ceux-là que les gens riches aiment le moins à habiter, parce qu'ils y trouvent le moins d'agréments et de ressources. L'absentéisme des propriétaires était une des grandes causes de la misère de l'Irlande. Eh bien, je connais en France plus d'une petite Irlande, d'où il faut aussi s'exiler pour ne pas mourir de faim.

D'un autre côté, le commerce, ses bénéfices et ses richesses ten-

dent de plus en plus à se concentrer à Paris, qui devient la ville
centrale de toutes les affaires. Ensuite on voit sans cesse affluer dans
cette ville maîtresse et y dépenser l'argent de la province la foule de
plus en plus nombreuse des solliciteurs, des curieux, des amis du
plaisir. Les chemins de fer, qui presque tous partent de Paris, favo-
risent cette centralisation universelle.

L'ensemble de cet état de choses n'explique-t-il pas le peu de
progrès de l'agriculture dans beaucoup de départements? La terre,
dont on enlèverait chaque année les récoltes sans lui rien rendre, ne
s'épuiserait-elle pas?

X

Il se produit un fait très-grave, conséquence de tout ce que je viens
de dire. Depuis nombre d'années on remarquait que la population des
grandes villes et surtout de Paris s'accroissait aux dépens des campagnes;
depuis cinq ans cette émigration a pris un développement inouï. Si
l'on compare le recensement de 1856 avec celui de 1851, on voit
que la population du département de la Seine, qui n'est qu'une ville,
pour ainsi dire, a augmenté de trois cent cinq mille habitants, que
Lyon, Marseille, Bordeaux, Nantes, Saint-Étienne et d'autres grandes
villes ont augmenté considérablement. Le chiffre total de l'augmentation du département de la Seine et des villes au-dessus de dix mille
âmes est de six cent quatre-vingt-quatre mille; si on y ajoute qua-
rante-huit mille pour l'accroissement de population des villes de cinq
à dix mille âmes, l'augmentation totale est de sept cent trente-deux
mille, déduction faite, bien entendu, de la diminution qui a eu lieu
dans quelques villes. Tandis que la population de cinquante-trois départements essentiellement agricoles a diminué de quatre cent quarante-un mille habitants, un seul département de la Franche-Comté,
la Haute-Saône, a trente-cinq milles âmes de moins. Il est évident
que tout le déficit porte, en définitive, sur les campagnes. Dans
beaucoup de villages la population a diminué d'un quinzième, d'un
dixième, d'un cinquième et même davantage, et presque toujours,
sans parler des jeunes gens d'élite enlevés aux campagnes en plus
grand nombre par le recrutement de l'armée, ce sont des ouvriers
jeunes et robustes qui ont quitté leurs villages. Comment en serait-il
autrement avec l'extension incroyable de l'industrie et du commerce,
avec ces transformations inouïes faites dans la capitale et dans toutes
les grandes villes, avec ces prodigieux travaux publics entrepris par
l'État ou les compagnies? L'agriculture peut-elle donner des salaires
capables de retenir tous ces ouvriers sollicités de toutes parts de

quitter la campagne? Et, lorsque le paysan a goûté de l'existence des villes, il ne veut plus, en général, retourner dans son village; le travail de la terre lui semble trop pénible et trop bête, la vie trop pauvre, trop ennuyeuse.

Ces jours derniers, un notaire me racontait qu'il était allé dans un village tenter une vente d'immeubles, il n'avait pas trouvé d'acquéreurs. Surpris de voir des champs en friche, il en avait témoigné son étonnement : « Que voulez-vous, lui répondit un ancien du village, les jeunes s'en vont, les vieux font ce qu'ils peuvent, mais pas tout. »

Dans les pays à grands domaines cultivés par des fermiers riches, la désertion des campagnes peut être combattue dans ses mauvais effets pour la production agricole par l'introduction de machines qui remplacent les bras de l'homme ; c'est ce qui arrive en Angleterre ; mais dans les pays de petite culture, à champs morcelés, la plupart de ces machines sont impossibles et la diminution des bras amène nécessairement une diminution de soin, de travaux et, par conséquent, de production. Si cette désertion continue, nous aurons la disette en permanence.

Il résulte de tous ces faits que le nombre des immeubles à vendre a augmenté et que leur prix a diminué dans la plus grande partie de la France, tandis qu'il aurait dû beaucoup augmenter, au contraire, non-seulement par le cours ordinaire des choses, mais par l'abondance extraordinaire de l'or. Lorsqu'on calcule les accroissements de la richesse mobilière en France, on devrait mettre un peu en regard la dépréciation de la propriété foncière.

Pour bien des personnes le cours de la Bourse est le thermomètre de la fortune mobilière de la France. Du temps de la République, par exemple, en 1848 et 1849, j'ai entendu souvent faire le calcul du nombre de milliards que la France avait perdu en comparant les cours de cette époque avec les cours de 1847. Je n'approuve pas complétement cette manière de compter ; car si, dans les temps de grande hausse, chacun voulait réaliser ces milliards de richesse croissante, ils s'évanouiraient en grande partie ; mais enfin si nous appliquons cette manière d'estimer la fortune publique aux immeubles ruraux, je suis convaincu que la France a perdu depuis dix ans huit à dix milliards.

XI

Toutes les propriétés rurales de la France entière, dont les unes sont parfaitement cultivées, tandis que d'autres le sont médiocrement ou mal, donnent actuellement une certaine somme de produits. Pour

les accroître, il faut que l'agriculture fasse des progrès, c'est-à-dire
que les propriétaires, ou les fermiers, ou les métayers, aient l'intelligence, la volonté, le pouvoir d'améliorer et de faire rendre à la terre
plus qu'elle ne donne aujourd'hui Cela est évident, les produits su-
périeurs ne viendront pas tout seuls.

Les fermes grandes et moyennes, bien réunies, sont dans d'excel-
lentes conditions pour tenter des innovations et les faire réussir ; mais
la volonté de les faire existe-t-elle ? Toute amélioration agricole importante exige des avances considérables. L'argent est le nerf de l'a-
griculture, comme de la guerre : pour récolter, il faut avoir semé.
Eh bien, je demande combien il y a en France, aujourd'hui, de propriétaires de domaines grands ou moyens qui soient disposés à faire
des avances considérables, nécessaires, pour en augmenter plus tard
les produits et les revenus ? Il s'en trouve sans doute ; mais, si nous
considérons l'ensemble de la France entière, y en a-t-il bien un sur
cinquante ? J'en doute.

Il y a encore dans plus d'une province de grandes terres divisées
en plusieurs domaines, mais louées à un fermier général qui les sous-
loue à de petits fermiers ou à des métayers ; pour ces propriétaires qui
ont cherché à se débarrasser ainsi de tout souci, la proportion est
encore bien plus faible.

Ces fermes, ces grandes terres, sont possédées en général par des
personnes riches qui demeurent ordinairement à Paris ou dans d'autres
grandes villes et ne passent que quelques mois à la campagne où elles
ne s'occupent guère d'agriculture d'une manière un peu sérieuse.
D'ailleurs, ces personnes ont bien d'autres sujets de dépenses, et
comme le luxe et ses exigences croissent sans cesse et beaucoup plus
vite que les revenus, la plupart des propriétaires de ces belles terres
sont pauvres ; car on est riche plus en raison de ses goûts, de son
genre de vie, de sa sagesse que de ses revenus.

Quant aux propriétaires moyens, les idées, les exigences, sont les
mêmes dans une sphère moins élevée. Que de gens en France me
rappellent la grenouille de la fable qui veut se gonfler à l'égal du bœuf !
Le nombre de ceux qui ont la volonté, le pouvoir de dépenser de
l'argent pour améliorer n'est pas plus considérable.

J'oublie de parler d'une chose capitale. En Angleterre, les femmes
aiment la vie rurale ; en France, elles n'aiment en général le séjour de
la campagne qu'en passant et à la condition d'y retrouver une bonne
partie des plaisirs de la ville. Que peuvent faire de pauvres maris qui
auraient le goût d'améliorer leurs champs ? Beaucoup de dames élé-
gantes ont fort goûté la dernière exposition agricole ; elle était si belle,
si coquette, le jardin improvisé sous cette voûte magnifique était si
gracieux, les animaux étaient si jolis, si luisants, leurs valets de

chambre si soigneux et leurs costumes si pittoresques, l'agriculture paraissait si bon genre ! Plût à Dieu que cette exposition eût converti au goût de la campagne toutes ces dames aux riches et volumineux atours ; elle aurait opéré un grand miracle et plus fait pour les progrès de l'agriculture que tous les encouragements du gouvernement.

En attendant ce miracle, on peut dire sans exagération que les propriétaires grands et moyens sont disposés en grande majorité à retirer de leurs domaines le plus qu'ils peuvent sans jamais rien leur rendre. Je n'ignore pas cependant qu'un certain nombre de propriétaires riches demeurent à la campagne, s'occupent d'agriculture, donnent de bons et salutaires exemples, n'appauvrissent pas le pays, mais l'enrichissent. Honneur à ces hommes qui comprennent leurs vrais intérêts et leurs devoirs ! ils m'inspirent une profonde sympathie, mais malheureusement ils ne sont que l'exception.

Les fermiers pourraient-ils faire les améliorations nécessaires ? combien ont assez de capitaux, d'intelligence, de persévérance ? combien ont des baux assez longs pour n'être pas dupes de leurs dépenses et de leurs efforts ? Y en a-t-il bien un sur cent ? J'en doute fort. Dans beaucoup de pays les fermiers sont presque tous de pauvres gens qui n'ont que leurs bras ou de petits propriétaires endettés auxquels il faut confier un cheptel pour qu'ils puissent exploiter vaille que vaille. « Si nous ne réussissons pas, se disent-ils, nous aurons au moins vécu pendant les quelques années que nous resterons sur la ferme. »

Quant aux métayers, et le nombre en est grand en France, s'ils sont livrés à leurs propres forces, les améliorations leur sont complétement impossibles.

Les petits propriétaires cultivateurs ne peuvent donner à leurs champs que leurs soins et leurs bras. Tout ce qu'un travail opiniâtre peut faire, ils le font, quoique cependant on remarque un ralentissement depuis quelques années, et que plusieurs membres de ces familles, découragés par une suite de mauvaises récoltes et tentés par des salaires élevés ou des petites places flattant leur vanité, aient quitté les champs pour les villes ou les grands travaux publics. Mais quelque soit l'esprit laborieux et intéressé du petit propriétaire cultivateur, il ne fera jamais de lui-même des progrès en agriculture. Le paysan est défiant pour les nouveautés et, à bien prendre, il a raison, car il n'a pas d'argent à perdre en essais peut-être infructueux. S'il voit près de lui des innovations qui aient réussi, non pas une année seulement, mais plusieurs années de suite, il les imitera sans nul doute ; mais sans exemple sous les yeux, il restera éternellement dans sa routine. Supprimez, par la pensée, tout domaine important, tout propriétaire ou fermier assez riche pour faire des essais et donner des exemples de succès, n'ayez plus que des paysans cultivateurs, et l'agriculture sera stationnaire à jamais.

Mais, lors même que ces petits propriétaires veulent imiter les bons exemples, il y a presque toujours un obstacle qui les arrête et qui arrête aussi bon nombre de propriétaires de domaines et de fermiers.

Dans les pays où toute la terre est morcelée, quelles améliorations notables peut-on faire? même avec la loi du drainage, pourra-t-on drainer? même avec la loi sur les irrigations, pourra-t-on irriguer? Ira-t-on intenter des actions, passer des actes dispendieux avec un grand nombre de propriétaires voisins, payer des indemnités, faire des travaux importants pour arroser ou assainir quelques dizaines d'ares seulement? Comme dit le proverbe : *Le pré ne vaudrait pas la fauchure.* On a déjà bien assez de difficultés et d'occasions de disputes et de procès avec des champs morcelés sans en chercher de nouvelles.

Dans les pays où la vaine pâture existe, c'est-à-dire dans les trois quarts au moins de la France, il est à peu près impossible, avec de petits champs enchevêtrés et enclavés, de changer les assolements, de tenter des cultures nouvelles, parce que la dent affamée des vaches et des moutons menacerait sans cesse de les détruire, parce qu'en cultivant autrement et mieux que les autres vous passeriez plus souvent sur les champs des voisins, vous vous mettriez fort mal avec tous ceux qui sont accoutumés à faire vivre un peu chez vous leurs vaches, moutons et chèvres, parce que vos améliorations seraient un sujet de disputes perpétuelles qui lasseraient l'homme le plus énergique ; tout est frappé d'immobilité.

XII

Si au moins l'état présent des choses donnait des produits un peu satisfaisants ! Dans les pays où la culture est depuis longtemps très-améliorée, où les paysans sont accoutumés de temps immémorial aux bonnes méthodes, comme en Flandre, les produits du sol sont sans doute très-considérables ; mais ailleurs quelle production misérable en comparaison de ce qu'elle pourrait être !

Je parle ici de la culture proprement dite et non pas des jardins et des vignes : pour cette nature d'immeubles qui exigent un soin et une main-d'œuvre continuels, le morcellement n'a pas de grands inconvénients ; mais pour les champs et les prés, le morcellement est un fléau.

Sauf quelques coins de terre privilégiés, la terre a besoin d'engrais abondants pour donner de belles récoltes. Or il n'y a qu'un seul moyen d'obtenir les engrais en abondance, c'est d'avoir beaucoup de bétail bien nourri. Par un admirable bonheur, ces animaux qui servent à multiplier toutes les plantes utiles à l'homme sont encore par eux-mêmes la plus grande richesse du pays. Presque toutes les manufactures ne font que travailler et transformer les dépouilles des animaux pour satisfaire à nos besoins; et, si l'on calcule la valeur du lait et de la viande dans un pays riche, on reconnaîtra que les bestiaux fournissent à l'homme la moitié au moins de la nourriture.

Que se passe-t-il dans les pays où l'agriculture est peu avancée, le sol morcelé, où la vaine pâture existe? Chaque habitant tâche d'avoir une vache ou deux qui, pendant l'hiver, reçoivent souvent une nourriture insuffisante et, pendant la bonne saison, sont conduites sur les communaux, dans les prés non clos après fauchaison, dans les champs après la récolte, enfin le long des chemins, soit par un pâtre commun, soit par les enfants ou la femme de chaque propriétaire. Les taureaux destinés à perpétuer la race sont pris sans choix, au rabais pour ainsi dire. Tous ces bestiaux sont petits, chétifs, et entre eux et les magnifiques animaux que nous avons vus à l'Exposition universelle il y a autant de différence qu'entre le jour et la nuit.

Quant aux moutons, c'est encore pis : j'ai vu souvent, dans bien des villages, le troupeau commun composé pêle-mêle de brebis, d'agneaux, de moutons, de chèvres, de cochons appartenant à une foule de personnes, conduit par le berger de la commune, pauvre hère, souffre-douleur et qui ne ressemble guère aux Tircis et aux Mélibées chantés par Virgile. Presque toujours ces troupeaux sont dans l'état le plus pitoyable : non-seulement les béliers sont misérables, les brebis chétives, mais elles sont ordinairement plus ou moins attaquées de maladies qui font tomber leur laine; la négligence d'un seul petit propriétaire pouvant infecter tout le troupeau. Comme ce troupeau sort à peu près par tous les temps, les propriétaires ayant à peine de quoi nourrir leurs bêtes pendant les rigueurs de l'hiver, arrive de temps à autre une maladie qui en emporte la moitié ou les trois quarts.

Un troupeau de trois cents bêtes bien soigné et bien nourri, vivant sur une seule ferme agglomérée et cultivée par un propriétaire ou fermier intelligent qui n'aura que des béliers d'élite, rapportera plus, je l'affirme, en laine, en viande, en engrais, que deux mille bêtes du village.

Voilà l'état vrai des troupeaux dans une grande partie de la France. Cela ne s'accorde guère avec certaines statistiques, certains discours officiels, beaucoup d'articles de journaux qui ne parlent que de progrès et battent la grosse caisse. Ces troupeaux tendent-ils à s'améliorer? Sauf de rares exceptions, ils restent dans le même état ou même se détériorent encore plus à mesure que le morcellement augmente. `

Voyons maintenant dans ces villages l'état de la culture. Avec une si petite quantité de bestiaux mal nourris, dont l'engrais est en grande partie perdu sur les communaux et le long des chemins, on peut déjà préjuger quel est le rendement des récoltes. Mais ce n'est pas tout. Chacun de ces petits cultivateurs ne peut avoir une charrue; ceux qui en ont une ne peuvent l'occuper entièrement; ils labourent les champs des autres qui les payent bien entendu, mais de manière à ménager le plus possible leurs attelages, à finir vite; ils les labourent lorsque le temps n'est pas propice pour cultiver leurs propres champs, en un mot, ces cultures sont fort mal faites. Il résulte de tout cela que, malgré les soins très-grands que donne le petit propriétaire à son champ, ses récoltes sont en général fort médiocres.

On me citera, par contre, des fermes assez bien réunies qui sont tout aussi mal cultivées et dont les récoltes sont encore plus mauvaises; c'est vrai. J'en ai expliqué les causes plus haut. Mais, dans ces fermes, le jour où le propriétaire le voudra, le jour où il aura un fermier intelligent et à son aise, l'agriculture pourra y faire des progrès; dans les champs morcelés, déchiquetés, jamais le progrès ne sera possible.

Tout ce que je viens de dire là semblera étrange, paradoxal, absurde à bien des gens habiles, agriculteurs théoriciens, économistes satisfaits, démocrates vrais ou faux. Appuyés sur les recensements de 1820 et de 1850, sur les écrits officiels, ils me diront en souriant de pitié : « Mais il a été reconnu qu'entre ces deux recensements, dans l'espace de trente ans, la petite propriété avait quadruplé et souvent quintuplé de valeur, tandis que la grande propriété s'est à peine accrue d'un tiers ou d'un quart. Ce seul fait renverse de fond en comble tout ce que vous venez de dire. »

Je voudrais bien savoir, messieurs, comment ce fait extraordinaire a pu être constaté. S'il était vrai, comme les deux tiers de la France sont entre les mains de la petite propriété, les vingt-six milliards formant les deux tiers de la fortune foncière de la France en 1820 s'élèveraient donc aujourd'hui à plus de cent quatre milliards; c'est tout simplement absurde.

J'entendais dernièrement un maire rire de bon cœur de la manière dont il avait répondu à une circulaire ministérielle qui lui demandait combien ses administrés avaient mangé, dans l'année, de turbots, de saumons, de merlans, de harengs, d'oies, de dindons et de pigeons. A Paris on a dû être émerveillé de l'appétit miraculeux de cette excellente commune. Eh bien, en 1850, alors que la petite propriété était plus que jamais à la mode et la grande propriété assez mal vue, les employés ont constaté que la première avait fait des merveilles; ils ont donné des chiffres aussi satisfaisants que ceux du maire pour les merlans et les dindons.

Supposons que, par miracle, la thèse contraire à la petite propriété soit populaire et que le gouvernement veuille prendre la cause de la grande propriété; j'affirme qu'il pourrait avoir bientôt des rapports officiels démontrant, par des exemples certains, que les grands domaines rapportent beaucoup plus que les petits champs morcelés, que leurs produits ont fait des progrès beaucoup plus rapides et que, par conséquent, la valeur réelle de la grande propriété s'est beaucoup plus accrue que celle de la petite propriété.

Ces rapports seraient au moins aussi vrais que les premiers.

XIII

L'extrême morcellement du sol a des conséquences d'un autre genre. Lorsqu'on ensemence une terre, il est impossible de ne pas jeter de la semence sur le champ du voisin pour qu'il y en ait assez sur le vôtre; avec le morcellement excessif, que de semences perdues, sans compter les raies faites par la charrue pour délimiter les champs et où il ne viendra rien !

Mais la perte est bien plus grande sur un autre objet. Un bon attelage d'une charrue pourra cultiver une ferme de cinquante hectares dont toutes les pièces seront autour des bâtiments ruraux; il faudra moitié plus d'animaux pour cultiver une ferme de même étendue divisée en cent pièces disséminées dans la campagne loin des bâtiments ruraux. Que de temps perdu, en effet, pour aller d'une pièce à l'autre, pour tourner à l'extrémité de sillons trop courts!

Et, s'il n'y a pas même de domaine assez important dans une commune pour occuper complétement une charrue, alors des cultivateurs qui ont des fragments de domaine ou un peu plus de champs que les autres possèdent des charrues, labourent d'abord leurs champs, puis ceux des autres et fort mal, comme nous venons de le dire. Aussi tout petit propriétaire aspire à mener sa propre charrue et tâche d'en avoir une, sauf à ne pas l'occuper complétement. Il résulte de cet ensemble de choses que dans les trois quarts de la France il y a beaucoup plus d'animaux de trait qu'il n'en faudrait avec des domaines réunis. J'ai la conviction profonde qu'il y a dans ce moment, en France, au moins un tiers des animaux de trait qui sont en trop, par suite du morcellement des propriétés rurales.

Lavoisier, dans ses *Études sur la richesse territoriale de la France*, porte, en 1790, le nombre des charrues en France à neuf cent vingt mille; aujourd'hui il est au moins d'un million. Ce serait à peu près vingt-six hectares de terre labourable par charrue en moyenne. En supposant, ce qui est le minimum, que ces charrues aient en moyenne trois bêtes de trait, il y en aurait en trop un million. Si elles étaient remplacées par des animaux de rente comme des vaches laitières, par exemple, qui ne mangeraient pas davantage et même moins, quelle différence dans les produits! Sans compter les veaux, chaque vache donnerait en moyenne six litres de lait par jour; pendant trois cents jours, mille huit cents litres par an. Comme quatre litres de lait peuvent équivaloir pour la nourriture de l'homme à un kilogramme de pain, chaque vache donnerait l'équivalent de quatre cent cinquante kilogrammes de pain ou de six hectolitres de blé. On compte qu'il faut trois hectolitres par an pour la nourriture de chaque personne en moyenne, le million de vaches nourrirait deux millions d'hommes de plus.

Le morcellement multiplie les animaux improductifs aux dépens des hommes.

XIV

L'accroissement de la population est encore entravé d'une autre manière par le morcellement et l'égalité des partages pour les biens ruraux.

Dans les classes riches ou aisées, les dépenses multipliées et inévitables d'une nombreuse famille qui coûte toujours et ne rapporte rien, les dots à donner à ceux qui se marient, les exigences du luxe, le désir de laisser à chacun de ses enfants une position à peu près égale à la sienne, tout cela fait qu'en général on a un petit nombre d'enfants. Ce fait frappe tous les yeux. Mais, si l'on veut bien regarder dans les campagnes, on verra, contrairement à l'opinion commune, le même fait se produire. Les paysans propriétaires qui ont la passion de la terre, qui la divisent presque toujours dans leurs successions morceau par morceau dans la crainte d'être trompés en faisant des lots comprenant des pièces différentes, savent parfaitement néanmoins que le morcellement excessif déprécie la propriété, rend la culture plus difficile et plus dispendieuse, chacun d'eux voudrait bien conserver intact ce qu'il a et même l'arrondir. Les paysans sont aristocrates ; les gros ne voudraient pas déchoir. Pour éviter l'action de la loi qui diviserait leurs champs entre tous leurs enfants également et les émietterait encore davantage, ils n'ont plus que très-peu d'enfants. Voilà une des grandes causes de ce fait capital que M. Legoyt, le chef si éclairé du bureau de la statistique, a signalé à l'attention publique, la diminution graduelle en France du nombre moyen des enfants par mariage. De 1822 à 1831, ce nombre était de 5,64, de 1832 à 1841 de 5/31, de 1842 à 1851 de 5.49 (p. 7 de l'*Annuaire de l'économie politique* de 1856).

Je connais un village de quatre cents habitants, tous petits propriétaires extraordinairement attachés à leurs champs, se disputant au poids de l'or ceux qui sont à vendre, très-laborieux, très-économes, fort religieux au moins à en juger par les actes extérieurs ; il y a maintenant plus de trente ménages qui n'ont qu'un enfant unique : ils se moquent de l'égalité des partages.

L'accroissement si faible de la population en France se fait à peu près exclusivement par ceux qui n'ont rien, grave sujet de réflexions.

L'école philosophique du dix-huitième siècle soutenait que le célibat religieux était un obstacle à l'accroissement de la population, qu'il fallait le proscrire, que rien au contraire n'était plus favorable à la population que les familles de petits propriétaires cultivateurs. J'ai lu bien des pages éloquentes, bien des dissertations profondes, bien des phrases pleines de sentiment sur ce sujet ; si ces philosophes revenaient dans ce monde, ils seraient sans doute fort étonnés du résultat de l'application de leur principe.

Du reste, la population ne serait pas entravée dans son accroissement par cette cause qu'elle le serait par une autre plus puissante, l'insuffisance de la production et le défaut de vivres. L'effroyable dépopulation de l'Irlande est là pour nous prouver que la faim et la mort ramènent les populations au niveau des subsistances.

Mais cette lenteur dans l'accroissement de la population n'en est pas moins chose fort grave. Au commencement de ce siècle la France était l'État qui, en Europe, avait la population la plus nombreuse : supposons que les choses suivent la marche qu'elles ont maintenant, que nos voisins continuent à faire deux ou trois pas quand nous en faisons un seul, dans un siècle la Russie aura cent vingt millions d'habitants, l'Allemagne soixante-quinze, l'Angleterre cinquante-sept, sans compter ses colonies, et la France cinquante seulement ; qu'arrivera-t-il alors ? La France sera-t-elle encore la première des nations ?

Imprimé en France
FROC021836200120
23227FR00024B/482/P